AF244746

COMPTE-RENDU

DU

BANQUET

OFFERT

Le 1er Octobre 1865,

AUX EMPLOYÉS ET OUVRIERS

DE LA MAISON JOLY,

A L'OCCASION DE LA NOMINATION DE

M. CÉSAR JOLLY AU GRADE DE **CHEVALIER**

DE LA LÉGION D'HONNEUR.

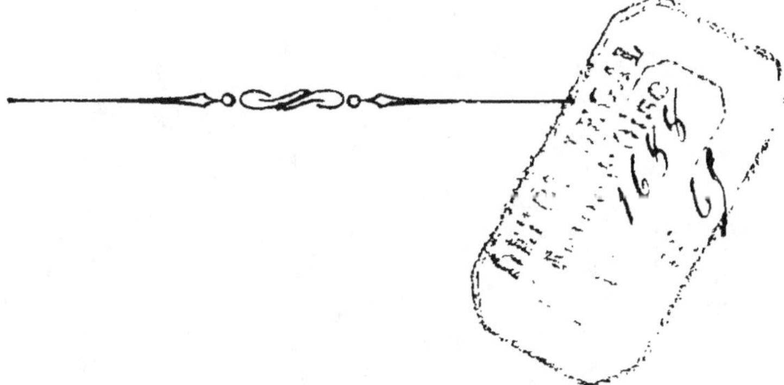

ARGENTEUIL,

IMPRIMERIE WORMS, RUE DE LA CHAUSSÉE, 1.

—

1865

Par décret Impérial, en date du 13 Août 1865, rendu sur la proposition de S. Exc. M. le Ministre de l'Agriculture, du Commerce et des Travaux publics,

M. César **JOLLY**, Ingénieur-Constructeur, un des chefs de la Maison de Construction en fer d'Argenteuil, a été nommé Chevalier de l'Ordre Impérial de la Légion d'honneur.

Les démonstrations publiques caractérisent toujours l'esprit et les tendances du milieu au sein duquel elles se produisent ; cctte vérité de tous les pays et de tous les temps a reçu, tout récemment, dans la ville d'Argenteuil, une nouvelle et éclatante consécration.

Argenteuil possède une vaste usine qui n'était, il y a trente ans, qu'une humble boutique de serrurerie, ruisseau devenu fleuve, et d'où est sortie l'idée première des constructions en fer, idée qui a produit de si admirables résultats.

La substitution du fer au bois a été successivement adoptée par tous les ingénieurs et architectes de notre pays dans les grandes constructions, et nous avons vu surgir de ces études spéciales de véritables monuments de solidité, d'élégance et d'utilité, en tête desquels la France peut citer avec orgueil les Halles centrales de Paris, nos gares et nos ponts de chemins de fer, et tous les édifices de même genre, qui réunissent d'une manière si complète l'intelligence de l'étude et la perfection du travail.

L'usine d'Argenteuil peut à juste titre revendiquer une large part dans les progrès de cette admirable industrie, d'abord en la personne de M. Joly père, son fondateur, de si regrettable mémoire; ensuite, en celle de son fils et de ses gendres, Messieurs César JOLLY et DELAFOY qui, après avoir été ses actifs coopérateurs, ont eu le mérite de perfectionner l'œuvre paternelle que leur haute intelligence et une réputation qui récompense justement le mérite et l'honorabilité, agrandit encore tous les jours.

M. César JOLLY est un ancien lauréat de l'École de Châlons, pépinière d'élite qui est si connue du monde entier, et d'où sont sorties la plupart des supériorités industrielles de notre époque, et qui, depuis quinze années, a appliqué à l'étude des constructions en fer une ardeur et une intelligence qui, après lui avoir conquis les éloges et les sympathies des maîtres de l'art, l'avait désigné au choix de Sa Majesté, pour la décoration de la Légion d'honneur.

C'est par décret du 13 août dernier, que M. César Jolly a été nommé; à ce moment, il était en voyage, et ce n'est que quelques jours après qu'il rentrait chez lui; ce soir-là, il trouvait sur son passage tout le personnel de l'usine, employés et ouvriers qui n'avaient pas voulu perdre un instant pour lui présenter leurs félicitations et lui offrir une médaille d'or avec inscription commémorative et une croix d'honneur, dons d'une souscription enthousiaste destinés à perpétuer le souvenir de cette glorieuse circonstance.

A leur tour, M. César Jolly et toute la famille ont voulu consacrer par une petite fête une date aussi mémorable, et profitant de ce que M. le Préfet de Seine-et-Oise avait bien voulu faire au nouveau chevalier l'honneur de lui attacher lui-même sa décoration. Ils ont réuni, le dimanche 1er octobre, jour fixé pour cette cérémonie, tous les ouvriers de l'usine dans un banquet, au milieu duquel M. le Préfet, la famille au grand complet, les amis intimes et tous les employés ont fêté cette glorification du travail et de l'intelligence.

Le banquet était dressé sur le plancher d'un pont en fer, en construction dans l'usine, d'une longueur d'environ 100 mètres sur 8 de largeur, dont une décoration très-bien entendue avait fait une salle splendide. C'était là une belle inspiration que de recevoir tous ces travailleurs sur un des spécimens de leurs grands travaux, et c'était ajouter à la gloire de tous que de décerner la récompense du chef au milieu de ses soldats sur un pareil champ de bataille.

A midi et demi, M. le Préfet, donnant le bras à Mme Joly mère et suivi de tous les invités, a fait son entrée au milieu de tous les ouvriers formant une double haie :

Aussitôt chacun placé, M. de Saint-Marsault a pris la parole, et, après avoir donné lecture du décret impérial qui nomme M. César JOLLY, et de la lettre de S. Exc. M. le grand-chancelier de la Légion-d'Honneur, il a rappelé les titres de M. César à la haute distinction qui lui était accordée, et a fait ressortir, de la manière la plus éloquente, combien de pareilles récompenses devaient stimuler les travailleurs qui contribuent de leur côté à maintenir la France à la hauteur où l'ont placée les efforts persévérants de son illustre et glorieux Souverain.

Pour ajouter à l'éclat de la fête, l'Orphéon d'Argenteuil était venu apporter ce concours désintéressé et obligeant que l'on rencontre toujours en lui lorsqu'il s'agit de coopérer à des manifestations du cœur. Ils ont chanté, avec leur supériorité ordinaire, plusieurs morceaux, entre autres le *Chœur des Travailleurs*. Et ce chant d'ouvriers-artistes, glorifiant le travail au milieu des immenses ateliers de l'usine, devenait là une véritable prière de circonstance, et a profondément ému l'assemblée.

Au dessert, M. Jules Beaujanot, chef de la comptabilité de la maison, et après lui M. Victor Blaise, l'un des plus anciens ouvriers de l'usine, devenu directeur des ateliers, ont successivement porté la santé de M. César Jolly et de toute la famille.

Messieurs, a dit M. Jules Beaujanot :

« Je vous propose de traduire par un toast la pensée qui nous a réunis aujourd'hui, d'acclamer tout haut le nom que nous avons tous en ce moment au fond du cœur, en donnant pour ainsi dire une commune voix aux sentiments intimes dont chacun de nous sent en lui la muette, mais sensible expression ; et je vous demande à tous, employés et ouvriers de l'usine Joly, de vous unir à moi pour saluer de nos félicitations l'honneur qui est fait à notre maison par la décoration accordée à l'un de ses chefs, en portant la santé de notre cher et aimé patron, M. César Jolly.

» Nous avons tous applaudi, Messieurs, à la sollicitude aussi juste qu'éclairée qui a valu à M. César cette glorieuse distinction, sollicitude qui se manifeste encore aujourd'hui d'une façon si spéciale et si honorable, par la présence du premier magistrat de notre département, et pourtant ce n'est qu'aux efforts laborieux de vingt années de travail, d'études et de coopération intelligente aux progrès des constructions en fer, progrès qui, pour le dire en passant, font aujourd'hui de la France le modèle des autres nations, ce n'est, dis-je, qu'à la supériorité de l'ingénieur et du constructeur que cette récompense a été accordée; M. le Préfet, S. Exc. M. le ministre des travaux publics ont apprécié tout ce qu'il y avait de méritant dans l'infatigable persévérance qui a vaillamment contribué à tous ces progrès, mais ce qu'ils connaissent moins, et ce que nous connaissons si bien tous, ce sont les qualités du cœur, la droiture de l'esprit, et enfin les sentiments généreux qui ont valu à M. César la considération et l'amitié de tous ceux qui le connaissent, et qui, à eux seuls, auraient justifié la haute distinction dont il est l'objet, comme ils justifient le dévouement et l'affection de tout ce personnel qui m'entoure et dont j'essaie à traduire l'unanime et sincère expression.

» Et puis, Messieurs, ce qui ajoute encore à notre satisfaction, c'est de voir se continuer dans la maison cette distinction glorieuse dont le chef de l'État avait honoré son regretté fondateur : M. César recueille en quelque sorte aujourd'hui un héritage de famille, et vous savez, vous qui m'entendez, si cet héritage a été légitimement acquis !

» C'est du reste la même pensée justement rémunératrice qui lui a valu, à son tour, la décoration de la Légion d'honneur. En récompensant ceux qui sont à la tête de l'industrie du pays, ceux qui maintiennent cette gloire nationale à la hauteur de toutes les autres, l'Empereur nous prouve quel prix il y attache, et la sollicitude du Souverain pour les classes ouvrières prouve quel cas il fait de ces énergiques soldats du travail.

» Mais, Messieurs, tous ces efforts communs, toutes ces aspirations intelligentes seraient frappées d'impuissance, si les uns et les autres n'avaient pour se mouvoir le champ toujours fertile de la paix et de la liberté. Ayons donc au sein de cette fête qui a pour objet la glorification du travail, ayons un hommage de reconnaissance pour le Souverain qui fait à la France cette paix glorieuse, cette prospérité sereine, cette liberté féconde qui nous garantissent la tranquillité du travailleur et permettront la réalisation de tous les progrès que réclame encore la grande question de l'amélioration matérielle et morale des classes ouvrières.

» Enfin, reportons avec non moins de justice et de sincérité, reportons une large part de cette gratitude à tous ceux qui secondent avec tant de zèle et de dévouement ses généreuses intentions. Vous me comprenez tous, Messieurs, mes paroles s'adressent à M. le Préfet de Seine-et-Oise, qui a bien voulu représenter ici la pensée impériale, et qui a acquis ainsi un titre de plus à ceux qu'il avait déjà à notre sincère et respectueux attachement. Oui, je le remercie du fond du cœur d'avoir ajouté par sa présence à tout ce qu'il y a de glorieux dans cette cérémonie, et au nom de la part que nous prenons dans l'honneur qu'il fait à notre chef et à notre maison, je suis heureux de lui dire que nous trouvons la récompense double, en la voyant passer par ses mains.

» Messieurs, j'ai un dernier mot à ajouter : Vous connaissez l'affection profonde qui unit tous les membres de la famille qui nous préside et qui nous a associés à son bonheur ; puis-je donc porter la santé de l'un d'eux sans penser à tous les autres. Non ! M. César lui-même, dont vous connaissez les admirables sentiments d'époux, de gendre et de frère, ne me le pardonnerait pas.

» Permettez-moi donc de réunir dans la santé que je vous propose, celle de Mme Joly mère, comme tribut d'une affection filiale si justement méritée, et celle de tous ses enfants comme témoignage du plus sincère et du plus affectueux dévouement.

» A M. César Jolly, à son épouse, à son fils.

» A Madame Joly mère et à tous ses enfants. »

M. Victor Blaise s'est à son tour exprimé ainsi :

« Messieurs,

» Je porte un toast à M. César Jolly !

» Il y a quelques semaines, lorsque la nouvelle se répandit qu'un de nos dignes patrons était décoré, ce fut une grande joie parmi nous, et nous n'eûmes qu'un regret, celui de ne pouvoir exprimer sur le champ au nouveau chevalier de la Légion d'honneur la part que nous prenions à sa légitime satisfaction.

» M. César Jolly était alors absent pour les soins d'une santé qui est l'objet de tous nos vœux. A son retour, et au milieu des félicitations universelles, il a pensé à nous, employés et ouvriers de sa maison; il a voulu réunir nos communes sympathies dans une immense fête de famille. Merci à lui de cette généreuse et touchante pensée.

» Il ne nous appartient pas, Messieurs, d'énumérer les titres de M. César Jolly à la haute distinction dont il vient d'être l'objet; ces titres sont d'ailleurs et depuis longtemps reconnus. Disons seulement une chose aussi flatteuse qu'elle est rare, c'est qu'elle a obtenu l'approbation universelle.

» C'est pour la deuxième fois que cette maison reçoit un semblable éclat. L'honneur est ici un bien de famille. C'est la tradition de notre cher et regretté patron, M. Joly. Permettez-moi, Messieurs, malgré l'allégresse de ce jour, de donner à cette grande mémoire un souvenir du cœur.

» Nous ne devons pas oublier non plus l'auteur du grand acte de justice que nous célébrons ici, je veux parler de l'Empereur. La politique est peu dans notre rôle, et ce ne serait pas le moment de nous en occuper; mais on ne peut se dispenser d'applaudir quand un Souverain de génie reconnaît et récompense le mérite. Il est à propos de rappeler aussi avec reconnaissance les nombreuses mesures prises par son gouvernement en faveur des classes ouvrières.

» Messieurs, permettez-moi de vous exprimer une pensée d'orgueil qui m'est venue. C'est que l'honneur de la maison rejaillit jusque sur nous tous tant que nous sommes. Les bons ouvriers trouvent de bons patrons; mais les bons patrons conribuent à faire les bons ouvriers. Voilà pourquoi ceux d'Argenteuil se sont toujours fait remarquer par leur amour de l'ordre, leur respect à leurs patrons.

» A M. César Jolly !

» A Mme Joly, mère des ouvriers !

» A toute l'honorable famille Joly !

Des applaudissements chaleureux et unanimes ont salué cette double expression des sentiments de tous.

M. César Jolly s'est levé ensuite pour répondre ; mais l'émotion qui emplissait son cœur paralysait sa voix, cependant il a pu dominer son attendrissement, et au milieu d'un religieux silence, il a prononcé les paroles suivantes :

« Vous venez, Messieurs, de me renouveler dans des termes extrêmement flatteurs, l'accueil si sympathique et si affectueux que vous m'avez fait lors de mon retour, accueil que vous avez tenu à consacrer par un magnifique cadeau qui sera toujours pour moi d'un prix infini, en ce qu'il me témoigne votre sincère attachement.

» Vous avez vu, Messieurs, qu'à ce moment, tout troublé par la brillante réception qui m'était faite, je n'ai pu vous dire que quelques mots et vous serrer la main ; tant était grande l'émotion qui s'était emparée de moi.

» Permettez-moi aujourd'hui de vous remercier de toutes ces sympathies, et de vous assurer tous d'une réciprocité que vous méritez d'autant mieux, que chacun de vous a une part dans la récompense que je reçois, et que ce sont pour ainsi dire vos mains qui ont tressé le ruban qui me décore aujourd'hui; cette époque marquera dans ma carrière industrielle, et j'en garderai le plus précieux souvenir.

» D'un autre côté, Messieurs, vous le savez, je ne suis que l'un des continuateurs de l'œuvre si laborieuse de feu M. Joly, notre regretté père. Laissez-moi, au milieu de vos acclamations, envoyer un souvenir de reconnaissance à la mémoire de l'homme à qui je dois tant.

» Maintenant, Messieurs, j'ai à remercier à mon tour M. le comte de Saint-Marsault, de l'honneur qu'il a bien voulu me faire; c'est lui qui a pris l'initiative de la récompense qui vient de m'être accordée, et pour la faire plus complète et plus précieuse, il a voulu me l'apporter lui-même. Je suis heureux de vous voir apprécier à sa valeur cet honneur fait à notre maison et à moi.

» Vous avez également eu raison, Messieurs, de faire remonter à l'Empereur notre commune reconnaissance : l'honneur qui m'est fait témoigne une fois de plus de sa sollicitude pour l'industrie et pour les travailleurs.

» Dans le grand concours qui va s'ouvrir et auquel il a convié toutes les parties du monde, il a voulu fournir une fois de plus à la France l'occasion d'une victoire. Rivalisons donc d'efforts, patrons et ouvriers, pour seconder ses nobles intentions, et montrons-nous par la reconnaissance et le dévouement à la hauteur des glorieuses destinées qu'il a faites à notre patrie.

» Messieurs, en mon nom, en celui de toute notre famille heureuse de votre affection, et pour consacrer le bon accord qui nous unit tous, je bois aux employés et aux ouvriers de l'usine, et je vous demande de vous associer à moi pour porter tous ensemble deux santés qui nous sont chères à tant de titres :

> » A monsieur le Préfet de Seine-et-Oise !

> » A Sa Majesté l'Empereur Napoléon III ! »

Enfin, M. le Préfet, ému de ces affectueuses démonstrations, a remercié l'assemblée de l'expression de ses sympathies. Il a félicité les chefs et ouvriers de l'usine de leur parfaite union en rappelant que c'était là à la fois une double force et un double profit, et que les vœux les plus ardents de l'Empereur et de ses représentants appelaient la généralisation de cette concorde.

Ces paroles ont été couvertes d'applaudissements et les cris les plus enthousiastes de vive l'Empereur, vive le Préfet, ont prouvé à M. de Saint-Marsault combien il avait heureusement traduit les sentiments de tous.

Notre compte-rendu ne peut rien ajouter à toutes les paroles que nous venons de citer, elles ont une éloquence d'à-propos que nos commentaires ne pourraient qu'affaiblir. Contentons-nous de constater l'immense résultat de progrès que présente une pareille fête, par la réunion d'éléments autrefois si divisés. Tout le monde a à gagner dans ces rapprochements, d'où les grands remportent une estime et une affection qui leur payent les bonnes leçons données aux petits.

D'un autre côté rien de plus libéral, rien de plus encourageant que cette association dans l'honneur de tous ceux qui ont été à la peine, et rien qui caractérise mieux le progrès des idées que ces manifestations viriles qui remplacent avec tant de supériorité les abrutissantes momeries du passé.

Oui, nous le répétons, la fête de l'usine d'Argenteuil, par sa belle tenue, par les échanges de sympathies et les témoignages de bon esprit dont elle a été la mémorable occasion, peint admirablement les progrès réalisés, indique ceux restant à faire et devient un salutaire exemple en même temps qu'un glorieux souvenir.

Maintenant qu'il nous soit permis, à notre tour, faisant remonter l'effet à la cause, de glorifier le Souverain de la France de tous ces heureux résultats, de l'expansion de toutes ces idées libérales et humanitaires dont il est la source et dont M. le Préfet de Seine-et-Oise a été l'éloquent interprète.

C'est dans ces résultats que se trouvent la véritable civilisation, la véritable gloire, et heureux de les constater dans notre belle patrie nous résumons notre reconnaissance dans le présent, nos espérances dans l'avenir par le double cri de : Vive l'Empereur ! Vive la France !

J. B.

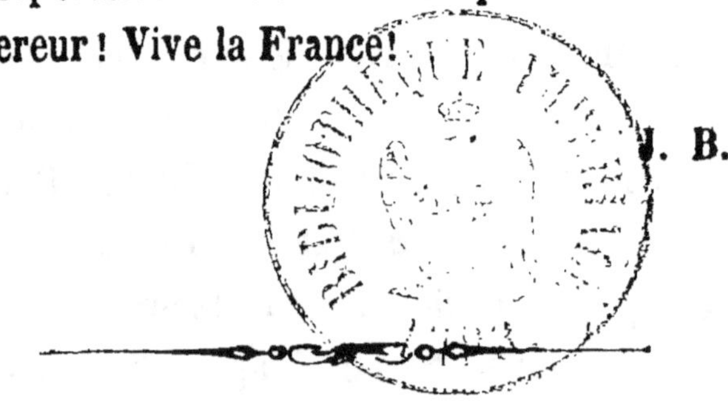